SE QUE ESTAS CANSADO, DAME UN MOMENTO, AQUÍ ESTOY PARA TÍ.

Un momento puede cambiar tu vida; de ahí nace este
 cuento para ayudar a todo aquel que padezca de depresión
y pueda entender que no está sólo. Gracias a todo aquel que
no abandona al deprimido ya que hay casi 300 millones de
personas que sufren de depresión. Hay muchos artículos
explicando a detalle, pero ninguno que te ayude a salir de
ella. Solo toma un segundo para que cometas un horror del
cual te arrepentirás, pero también toma un segundo para
saber que no estas sólo, y que hay personas que queremos
ayudar a que puedas salir de ese lugar tan oscuro, que cada
vez se vuelve más profundo.

Att: Jesús J. López Acevedo

Me encontraste,
No todo
Esta
Perdido

Probablemente estás agotado, y te alejaste de todos, pero nadie se a dado cuenta. Entonces pronto sentirás culpa aunque si dejaras de comer nadie se daría cuenta. Al final, llegarás a tu cuarto sin poder dormir pero que más da, te sientes solo. ¡Oye! Aún te acuerdas que día es hoy, aún te acuerdas de cual es tu sabor favorito de helado, no estás muerto, entonces todavía tu luz brilla. Pero vamos paso a paso, yo se que tú lo puedes lograr.

Sabes, no eres lo que los demás piensan de ti. Eres hermoso; y si yo me di cuenta, quien dice que tú no. ¿Te haz mirado en el espejo y te haz dicho lo mucho que vales? ¿Te haz visto y pensado que si llegaste hasta aquí no fue por casualidad? sin embargo, aquí estas tú, y solo tú sabes que no hay mejor abrazo que el que tú te puedes dar, ¿lo haz intentado? Tomate un momento…

Veo que hay muchas lágrimas en tu rostro pero sabes, las necesitas por que cada una de ellas salió de ti, así que cada una de ellas valen. Hoy puede ser que el día no se vea como antes, a lo mejor perdió su brillo, pero aún detrás de la luna, el sol sigue brillando. Más en alguna parte dentro de ti se que puedes sentir una pequeña luz, puesto que no llorarías si no fuera así.

Te preguntas ¿por que me pasa esto a mí? ¿que hice para merecerlo? ¿Sabes algo? No hiciste nada ¿sabes? No es tu culpa, pero ahora que lo pienso… Hay un recuerdo que siempre llevo, Siempre que lo recuerdo algo dentro de mi me llena de calor y amor, (tomate un segundo piensa) ¿será que tocarán la puerta? pero hoy te dedicas un tiempo a ti. Tomate tu tiempo, pronto podrás volver al mundo, pero antes de abrirte con los demás, tienes que abrirte contigo. En este momento necesitas de ti y de la fuente que emana amor.

Dicen que la soledad mata y que te hunde en un poso sin fin, pero la realidad es que en la soledad te sientes seguro. No es casualidad, pues cuando te alejas te encuentras con tu otro yo, pero no sabes que decirte y es cuando entonces se quedan los dos sin palabras. Mas hoy yo quisiera empezar esa conversación darle palabras a tu otro tú, que solo te mira con ganas de hablarte, pues tu silencio en la soledad solo resuena en las paredes de donde estés y ese eco se hace más grande.

Pero como te dije al principio, no estas solo. Te acercas un poco más a ti. Pones tu mano en tu hombro y siente tu tristeza y mientras sientes el vacío una gota de frescura cae dentro de tu ser, si crees en Dios un versículo vendrá a tu cabeza como: por que he aquí, los malos tienden el arco, disponen sus saetas sobre la cuerda, para asaetear en oculto a los rectos de corazón y buscarás el resto. Pero algo si se que tú yo no temerá decirte:

Cuanto tiempo e tratado de hablarte, mas hoy estas aquí. Siento que pasemos por esto. Siento que aunque todo damos, nada recibimos, pero ahora estamos aquí y no quiero perdernos. Sabes, aunque nadie te vea yo siempre te veo, y en todas tus pruebas soy el primero en felicitarte, hasta cuando no creías en ti, yo sí lo hacía. Haz llegado tan lejos aunque te han maltratado tanto. Hoy saldremos de esta, pero esta vez por fin puedo hablarte.

No será como antes, como cuando secabas tus lagrimas, te levantabas y seguías, más el peso seguía creciendo. Hasta cuando decidiste cerrar tu corazón y hacerte el fuerte. Hoy buscaremos ayuda pues hoy más que nunca la necesitamos. Seguiremos siendo fuertes no por eso nos condenaremos, pero se que es frustrante, por eso iremos un paso a la vez. Amigos tenemos, aunque en este momento pensemos que no.

Pues pensamos que están mejor sin nosotros, puede ser que hasta sin nuestra familia estarías mejor. Puede que haya rencor, puede que voces te digan que lo hagas pero te aseguro que no soy yo, pues yo estoy aquí a tu lado y siempre lo estaré. Entonces toma tu celular será mas fácil enviar un mensaje S.O.S. Tu amigo necesita un consejo, o si crees conveniente al que te crio.

Tranquilo respira las veces que necesites, solo un mensaje y nada más. Deja que sepan que estas vivo. Pero ahora quiero saber de ti.¿ Cómo haz estado? ¿Cómo te va? y… si me escribes una carta? Vamos dime habla me de ti.

Sientes la luz que brilla en tu

Interior?

Algo te dice que vivas, es tu pequeña llamita que está creciendo. Te hace mas valiente aunque todavía estas aquí, tranquilo no te desesperes, pronto llegara mas ayuda. Puede ser que pienses que es absurdo y pues, ¿Qué a de importar? total siempre termino solo y esto puede molestarte pero que es la rabia si no el deseo de superarse, el deseo de que todo esto cambie. Entonces sal, busca hacer algo, dibuja, ejercitate, golpea un saco de boxeo, si no tienes, que mejor contrincante que tu almohada .

Debes estar exhausta, tanto que sentir a veces frustra, y sería ilógico pensar que pasará después, pero aún sigo aquí y dije que te ayudaría en este camino. Tomaremos nuestro rumbo un paso a la vez sin que nadie moleste nuestro progreso, haremos una lista y la enumeraremos , será una cosa a la vez no te impacientes, relájate, pon algo de música, siempre nos ayuda o algún juguete para entretenernos mientras nos sentamos como abogados de nuestra vida.

Veo que la noche llega muy rápido, ya no hay ganas de seguir. ¿Por que no puede acabar este día y estas noches?, ¿Por que no se quieren acabar los pensamientos? ¿Por que soy así? ¿Por que no soy como quiero ser? ¿Por que, ya me siento tan cansado? mas aún no puedo dormir, ¡Por que no puedo explicarlo! De verdad no quiero estar solo pero tampoco quiero ver a nadie, no quiero hacer nada! Pero hay tantas cosas que disfrutaba aunque la verdad ya me dan pereza, por que me miento a mi mismo si cuando me preguntan como estoy, solo sonrío y les digo todo bien. Más yo se que no puedo, ¡Son tantas preguntas! Son tantos dolores, que mi corazón no puede más. Solo quisiera que mi vida cambiara, mas hay tantos caminos y no se cual me lleve a mejorar pero todos ellos se hacen tan estrechos.

La noche llega rápido, y como no duermes el día mas. Aunque eso tiene que ver con tu pequeña llama que no se quiere extinguir por eso el día no acaba por que estoy aquí, en tu peor momento y no dejaré que caigas frío en la cama, y me preguntaste ¿Por que soy así? Es obvio que no eres como los demás, eres único y especial y en su momento lo entenderás, pero te tomará más tiempo. Recuerda que mientras mas está el diamante en el carbón, mas grande y brillante es. Amabas hacer tantas cosas, pero perdiste la fe en ti, mas yo no te dejo dormir, yo tengo fe en ti, se que sabes que estoy aquí dentro de ti, en ese ultimo rincón sin dejar que se apague esta lucecita. ¿Sonríes? Claro que si, aunque por dentro no puedas más. Sabes, ahí estoy yo protegiéndote, aunque se que no soy perfecto, pero no quiero que te lastimen, por eso quisiera le dieras a alguien alguna señal de que tu estas herido.

Cuanto cuesta abrir los ojos como si estuvieran pegados, todo parece mas de lo mismo. Me siento como un alguien que mucho a vivido sin embargo cada favor que la gente me pide me hace sentir que me hago incapaz, por cuanto daría que lo que anhelo estuviera allí mas sonaría tonto a los oídos de los demás.

Se que duele mucho, y si piensas porque no se a roto tu corazón es por que mis manos mantienen tu corazón en su lugar, por que tú y yo no nos hemos rendido, ¡Por que sí! El corazón puede dejar de latir por dolor y sin embargo aquí estas, hay tanto y tanto allá fuera, pero tomaste la mejor decisión hablar contigo. Hoy vas a ver por que vales tanto.

¿Aún sigues
conmigo?

Preguntas, solo eso esta en nuestra mente, con respuestas que solo hieren el corazón, pues solo podemos ver el vaso medio vacío nunca medio lleno, ademas para que hacerlo si la mayoría del tiempo las personas solo están como fantasmas que al parecer se llenan de sus ideologías y como quieren que actúes, nunca desisten para dar, no entienden quien somos y lo mucho que podemos dar, aun que al final nos desechan cuando necesitamos, pero cuando necesitan muestran una cara enmascarada con una sonrisa esperando lo que vinieron a buscar, se que cada ves es mas difícil creer que hay buenas personas, pero hoy estoy yo aquí y si hay una buena persona en este mundo ese soy yo.

Repítelo, repítelo cuantas veces lo necesites escuchar. Al final yo se cuan fuerte eres. Al final tu no elegiste nacer, pero si elegiste vivir, y yo con mi último aliento no dejaré de insistir. Al fin puedo hablarte, de tantas lunas que mi voz no pudo emitir un sonido, que solo veía como te herían sin poder gritar queriendo ayudarte. Más hoy siento alivio, en la espesura de la noche y la soledad del día podemos sentir ese abrazo de que no estamos solos.

Se que nos vendría bien un pensamiento como en una película. Como cuando ese único soldado, aún sabiendo que no hay nadie que le pueda ayudar, con rodillas y manos al suelo, respira en jadeando, como un can hambriento, viendo todos los que quieren verte destruido, sientes el peso de sus miradas. Más aún de pie en la tierra, lleva a una cadena de movimientos en pos de pie a no dejarte vencer.

Mas lleno de heridas y tu sangre enrojeciendo tu ropa, levantas tu mirada, solo por el gusto de que vean tu cara, mientras una sonrisa tuya les acaricia de forma áspera su alma dejándoles saber que vengan, que lo intenten! Pues mientras ven tus lagrimas bajar sabrán que no estas solo que si todos faltan yo estoy aquí a tu lado y seremos imparables.

Seré tu espada, liviana como el aire, rápida como el viento, y pesada como el hierro contra ellos, verán como a cada paso no te detienes y veras como ellos se alejan como separando el trigo y la cizaña, veras como lo que no sirve se va y lo que vale la pena se queda. Aunque solo seamos nosotros al final.

Parece que muchos dejaron de insistir, tu teléfono dejo de sonar, al final en tu puerta no se escucha el repicar de nudillos, una calma inunda nuestro ser, mas alguien siguió insistiendo. De tantos uno no desistió. Mas yo te pregunto ¿estás listo? ¿De verdad quieres contestar? Si lo haces deja que te escuche, si no, tranquilo todo esta bien espera un poco mas.

Como dar aliento a lo que estuvo muriendo

Toma tu mano, es hora de salir pero antes abramos la ventana juntos, recibamos ese rayo de sol que nos re- conecta con el universo. Ahora siente la brisa pequeña y gentil. Verás que a lo mejor sientes ganas de abrir esa puerta, es hora de dar un paso adelante, antes cuando apenas miraba tras nuestros ojos yo pensaba que la vida era un renglón de humanos que la forjaban, mas hoy entiendo que la vida es el mundo natural que nos rodea, el aire las plantas los animales y toda vida gentil que se mueve en ella.

Es hora de tomar un sorbo de eso que tanto te gustaba, si así lo deseas, pues ya no te atan las cadenas de lo que no entendías y si te queda duda solo mira hacia atrás y verás aquello que flagelaba tu alma. Respira, calma, es cierto que nada merece la pena, pero si la esperanza. Eso que llevamos cultivando en nuestro dolor, esa que podemos usar para ver nuestra realidad y respirar hondo.

Hoy pondremos nuestra única meta por ahora, pues no vamos a llenarnos de siluetas que al final no nos ayudarán. Hoy nuestra única meta será la paz de nuestra mente. Y todo aquel que no influya en este estado podemos decidir no hablar con ellos, al final es nuestra decisión con quien hablar, no la de ellos. Recuerda la vida es solo tuya y decidiste respirar la vida un poco mas…

Seguimos la teoría del absurdo, trágicamente en las acciones que nos repiten ese amargo sabor. Hay donde solo terminábamos un papel para darnos cuenta de nuestra condición por los pensamientos que nos sucumben tras el ciclo incesante de hacer lo mismo una y otra vez, dejándonos el amargo sabor en nuestra alma. Pues haz gritado al vacío tantas veces que solo el atronador silencio recibías a cambio.

Hoy Convertimos el silencio atronador en un silencio gentil pues por hoy escuchas mi voz la que pensamos nunca escuchar. Aceptemos que cuando disfrutamos lo que nos amarga deja de ser castigo pues entendimos la verdad de lo que nos dañaba y vemos con más claridad lo que debemos hacer.

Seamos rebeldes con nuestro destino. No dejemos que nos arrebaten esta paz. Tranquilo, se que mis palabras han sido de aliento pero vamos de espacio el dolor no se cura de un momento a otro, si hay algo que hemos aprendido es que una pequeña llama con mucho oxigeno se vuelve un caos.

Quien diría que era casi imposible, que dejar de existir es equivalente a confesar que la vida nos supera, la vida que no entendíamos que nunca nos llegaría a superar. Por que la vida es gentil y nunca nos superará, mas las personas que creían tener posesión de ella, nos la intentaron quitar. Pues, nuestro corazón se llenaba de angustia al no ver la verdad, sólo aquel camino estrecho podíamos ver.

Mas hoy nos apegamos a la vida, pues vi algo mas poderoso que todas las miserias del mundo, el juicio del el alma, de el yo interior, que no dejar de luchar por ti. Pues el mundo sabrá de que estamos hechos, pues el diamante siempre sale del carbón.

Deja que la llama ilumine tu interior

Ese calor al respirar esta llenando nuestro interior. No volveremos a dejar que los pensamientos destructivos nos invadan. Si no se puede, no lo haremos, si no lo tenemos no lo necesitamos. Seremos lo que tenemos, la vida y la tierra. Floreceremos como la flor de jade y dejaremos la semilla para vivir en ella dejando la antigua flor para viajar en ella y florecer en otros campos. Llorare si ase falta, pues mi vida es solo mía y seré feliz, pues yo lo decidí.

Te extrañaba, no sabes cuanto, mas entre tus lágrimas poder ver esa pizca de sonrisa. Así me veía cuando no me dejaba amenazar, mas hoy entiendo que solo yo deje que me oprimieran, y no puse un espacio entre ellos y yo. Puede que muchos dependan de mi, pero yo no dependo de ellos. Deben aprender que dentro de ellos existen sus otros yo y tienen que aprender a valerse por ellos, por que yo soy solo de mí, y me debo a mi felicidad.

Hoy me levantaré con el universo a mi favor. ¡No tronaré como madera rota! ¡NO!, ¡dije que no! Hoy soy yo el que decido, pues no pensaré en lo que hizo aquel o dejo de ser. Hoy yo soy el que se equilibrará con el viento. Hoy yo cabalgaré este caballo enfurecido y le voy a demostrar que yo tengo mas experiencia por todo lo que sufrimos, y si algo me hace daño, no dudaré en enfrentarlo y dejarle saber que no soy de su posesión, pues yo soy capaz y tengo mil ideas y si aquí parece que no, pues no será mi lugar, el mundo es enorme y yo estoy en el.

Así hoy dejo esto escrito y entiende que ahora que sabes mas de ti, menos voy a alejarme de nosotros. Entiende que soy tu y que cuando escuches tu corazón latir siempre seré ese que lo sostiene y te protegerá hasta el fin. Hoy somos mas fuertes, y si alguien se encuentra en el lugar que tu estuviste hoy no olvides decirle que:

No todo
Esta Perdido…

"Nota"que le dirias a esa persona que
pasa por esto regala le unas palabras :